Dieses Buch gehört:

Ein Geschenk von:

Datum:

PETER SCHILD

Treue Männer, wer findet sie?

Christlicher Verlag
Voice of Hope

1. Auflage 2023

Eckenhagener Str. 43
51580 Reichshof-Mittelagger
www.voh-shop.de

Lektorat und Design: Voice of Hope

Bestell-Nr. 875.232
ISBN 978-3-947978-32-8

ISBN 978-3-941456-82-2 – eBook

Soweit nicht anders vermerkt, wurden die Bibelzitate der Schlachter-Bibel 2000 entnommen.

Für Josiah,
Elia und Joel.

Möge der HERR euch
zu treuen Männern
nach Seinem Herzen
machen!

Inhalt

EINLEITUNG 9

5 BEREICHE, IN DENEN EIN MANN NACH DEM HERZEN GOTTES TREU IST

1. Er ist treu gegenüber Gott 21
2. Er ist treu im Umgang mit sich selbst 35
3. Er ist treu gegenüber der Gemeinde 45
4. Er ist treu in seiner Arbeit 59
5. Er ist treu im Umgang mit seiner Familie 67

Einleitung

Wir leben in einer Zeit, die von großen Problemen gekennzeichnet ist. Eine große Not ist der Mangel an treuen Männern. Gottes heiliges Wort sagt:

> »Die meisten Menschen rühmen ihre eigene Güte; wer findet aber einen treuen Mann?«
>
> Sprüche 20,6

Treulose Männer bringen seit jeher großes Unheil über die Menschheit. Sie schaden ihren Frauen, ihren Kindern, den Gemeinden und der ganzen Gesellschaft.

Die erste Hälfte dieses Verses beschreibt die Mehrheit der Menschen. Die meisten Menschen rühmen ihre eigene Güte oder Frömmigkeit. Sie proklamieren, wie wunderbar sie doch seien. Sie flüstern nicht, sie rufen. Sie posaunen es lautstark, voller Überzeugung, in die Welt hinaus. Sie halten sich für gut. Die meisten sind von sich selbst überzeugt, dass sie herzensgute und fromme Menschen seien. Aber die Eigenwahrnehmung stimmt oft nicht mit der Fremdwahrnehmung überein.

Wie sieht es in Wirklichkeit mit ihnen aus?
Wie sieht die Realität aus?

»Die meisten Menschen rühmen ihre eigene Güte;
wer findet aber einen treuen Mann?«

Einen treuen Mann – wer findet einen solchen unter Tausenden?

Man könnte ihn auch einen zuverlässigen, vertrauenswürdigen Mann nennen – jemand, auf den wirklich Verlass ist, der anhaltend und beständig treu und loyal ist. Solche Männer waren schon immer selten auf Erden. Es gab eine Zeit, wo es auf der ganzen Erde nur *einen* solchen Mann gab, nämlich Noah, den Prediger der Gerechtigkeit (vgl. 2.Pt. 2,5).

Wie sieht das wohl bei uns Christen aus?

Finden wir solche treuen Männer
in unseren Reihen?

Oder finden wir nur solche, die ihre Güte
rühmen, die sich selbst für fromm halten?

Was sagen wohl die Frauen dazu,
wenn wir sie fragen?

Gibt es bei uns zuverlässige Männer?

Ich möchte dich persönlich fragen, lieber Mann:

WENN MAN EINEN TREUEN, ZUVERLÄSSIGEN MANN SUCHT,

wird man ihn in dir finden?

- Die **Gemeinde** braucht treue Männer.
- Eine **Ehefrau** braucht einen treuen Mann.
- **Kinder** brauchen einen treuen Vater.
- Die **Gesellschaft** braucht treue Männer.

Denn auf den Männern ruht die Verantwortung. Wenn sie treulos leben und handeln, dann gerät alles aus den Fugen, und großes Unheil kommt über die Gemeinde, über die Familie, über die ganze Gesellschaft.

Lass mich konkreter werden:

Inwiefern muss ein Mann denn treu sein?
Auf welchem Gebiet?

Um diese Fragen zu beantworten, möchte ich bestimmte Bereiche nennen, in denen du treu sein musst. Dazu möchte ich dir ein Buch empfehlen – ein Buch, das geschrieben wurde, um junge, unweise Männer zur Treue anzuleiten. Du brauchst dir dieses Buch nicht zu kaufen, denn du hast es schon längst: Es ist das Buch der Sprüche. Es wurde geschrieben, um junge, unweise Männer weise, treu und zuverlässig zu machen.

Ich erinnere mich, wie ich vor mehr als 20 Jahren als Jugendlicher durch ein Traktat zum Glauben gekommen bin. Damals ging ich noch zur Schule. Ich hatte keine Gemeinde und kannte keine Christen. Ich erinnere mich, dass ich oft sehr frustriert über mich selbst von der Schule nach Hause kam. Ich habe oft geweint. Und warum? Weil ich immer wieder feststellen musste, was für ein Narr ich bin. Ich habe gesehen, wie unreif ich bin; ich habe kindisch gedacht, geredet und gehandelt. Täglich sah ich mit Schmerzen meine Unfähigkeit und Unreife. Dann las ich Jakobus 1,5, wo geschrieben steht:

> *»Wenn es aber jemand unter euch an Weisheit mangelt, so erbitte er sie von Gott, der allen gern und ohne Vorwurf gibt, so wird sie ihm gegeben werden.«*

Darum begann ich zu beten: »Mein Herr, schenke mir Weisheit, wie Du es versprochen hast!« Ich flehte immer wieder darum und studierte das Buch der Sprüche. Ich musste für mich die Entscheidung treffen: Gehe ich jetzt mit den alten Freunden hinaus, um meinen Tag mit Sport zu verbringen – und bleibe weiterhin ein Narr? Oder ziehe ich mich zurück und studiere dieses Buch?

Ich darf sagen, dass ich den Sprüchen Salomos viel verdanke. Und auch jetzt, nach so vielen Jahren, lese ich dieses Buch, da ich weiß, dass ich noch lange nicht weise und reif genug bin.

- Dieses Buch lehrt dich konkret bezüglich der Bereiche, in denen du treu sein solltest.
- Es lehrt dich, kein Narr zu sein, sondern treu und weise zu handeln.
- Dieses Buch gibt dir klare Anweisungen für alltägliche Angelegenheiten und für die unterschiedlichsten Lebensfragen.
- Es sagt dir ganz genau, an welcher Stelle du weise handeln solltest, und was es praktisch bedeutet, zuverlässig zu sein.

Bevor du darüber nachdenkst, was es bedeutet, den Ehebund einzugehen oder Kinder zu erziehen, musst du zunächst erkennen, dass du lernen solltest, treu zu sein. Bevor du überhaupt auf die Idee kommst, die Verantwortung für andere zu übernehmen und eine Familie zu gründen, musst du dies lernen. Viele sind auf der Suche nach »der Richtigen«; wie wäre es aber, wenn du zuerst damit beginnst oder daran arbeitest, selbst »der Richtige« zu werden?

INWIEFERN MUSS EIN MANN TREU SEIN,

um ein Mann nach dem Herzen Gottes zu werden, der Verantwortung für andere übernehmen kann?

Man könnte viele Bereiche nennen, worin ein Mann treu sein sollte, aber ich möchte mich auf fünf Punkte beschränken, die ich aus dem Buch der Sprüche herausgreife. Und dabei handelt es sich um keine »Raketenwissenschaft«, sondern es handelt sich um einfache, klare Dinge, die jeder verstehen und nachvollziehen kann. Du wirst nach dem Lesen dieses Buches vielleicht sagen, dass du nichts Neues darin gefunden hast. Schön und gut. Aber die wichtige Frage, die sich dir dann stellt, ist: Sind diese Dinge in deinem Leben Realität? Denn *»die meisten Menschen rühmen ihre eigene Güte; wer findet aber einen treuen Mann?«*

Was macht also
einen treuen Mann aus?

Worin muss er
treu und zuverlässig sein?

1

Er ist treu gegenüber Gott

Im Leben eines treuen Mannes haben sein Gott und die Treue zu Ihm absolute Priorität.

»Vertraue auf den HERRN
von ganzem Herzen und verlass
dich nicht auf deinen Verstand;
erkenne Ihn auf allen deinen Wegen,
so wird Er deine Pfade ebnen.
Halte dich nicht selbst für weise;
fürchte den HERRN und
weiche vom Bösen!«

Sprüche 3,5-7

Das ist es, was einen treuen Mann ausmacht, einen Mann nach dem Herzen Gottes:

- Er vertraut nicht auf sich selbst und seine eigene Treue, sondern auf den treuen Herrn.
- Er verwirft sein Selbstvertrauen und vertraut demütig auf Ihn.
- Mit seinem ganzen Herzen erkennt er den Herrn auf allen seinen Wegen, fürchtet Ihn und weicht deshalb vom Bösen.

Der erste Punkt ist darum nicht vorrangig *deine* Treue als Mann, sondern die Treue Gottes. Du musst zuerst verstehen, dass sich nichts und niemand auf dich verlassen kann. Du musst demütig wandeln vor dem Herrn und erkennen, dass du Ihn jeden Tag aufs Neue brauchst. Das demütige und gottesfürchtige Wandeln vor Seinem Angesicht bildet die Grundlage für deine Treue Ihm gegenüber. Du musst dich ganz auf Ihn verlassen, dich Ihm ganz anvertrauen. Treue Männer Gottes vertrauen ganz dem treuen Gott.

Der König Asa – ein mächtiger Mann und Urenkel des Königs Salomo – wurde eines Tages von einem anderen König bedroht. Und was tat er? Wo suchte er Hilfe? Auf wen stützte er sich? Er suchte Zuflucht bei einem gottlosen König! Und er schloss einen Bund mit ihm. Was hat Gott zu solch einem Vorhaben zu sagen?

> *»Aber zu jener Zeit kam Hanani, der Seher, zu Asa, dem König von Juda, und sprach zu ihm: Weil du dich auf den König von Aram verlassen hast und hast dich nicht auf den HERRN, deinen Gott, verlassen, darum ist das Heer des Königs von Aram deiner Hand entkommen! Waren nicht die Kuschiter und Lubier ein gewaltiges Heer mit sehr vielen Streitwagen und Reitern? Dennoch gab sie der HERR in deine Hand, als du dich auf Ihn verlassen hattest. Denn die Augen des HERRN durchstreifen die ganze Erde, um sich mächtig zu erweisen an denen,* ***deren Herz ungeteilt auf Ihn gerichtet ist****. Du hast hierin töricht gehandelt; darum wirst du von nun an Krieg haben!« (2.Chr. 16,7-9).*

Was ist also die wichtigste Lektion für einen Mann, um treu zu werden?

Er muss verstehen, dass der Herr treu ist, und sich ganz auf Ihn verlassen – nicht auf seine eigene Kraft, Weisheit, Stärke und Treue. Er muss sich allein und mit allem, was er hat, von ganzem Herzen auf den Herrn werfen und den Beistand bei Ihm suchen. Denn ein Mann kann nicht einen Schritt gehen, es sei denn, der Herr ist mit ihm und lässt ihm seine Wege gelingen. Kein Mann ist in sich selbst treu. Darum ist es der Anfang aller Weisheit, den Herrn zu fürchten, Ihn zu erkennen und Ihm allein zu vertrauen (Spr. 9,10).

Bei Kindern ist es so: Sie müssen lernen, eigenständig zu laufen.

Bei gottesfürchtigen Männern ist es genau umgekehrt:

Reife Männer sind solche, die nicht einen Schritt mehr allein laufen können, weil sie sich und ihre eigene Treulosigkeit erkannt haben.

- Sie klammern sich mit allem, was sie sind und haben, an den treuen Gott.
- Sie vertrauen nicht mehr auf sich selbst und ihre Weisheit, auf ihre Stärke oder ihren Verstand.
- Sie vertrauen allein dem treuen Gott und befehlen sich in allen Bereichen dem Herrn und Seiner Treue an.

In jeder Situation schreien sie zum Himmel und flehen: »Herr, schenke mir Einsicht, gib mir Stärke; gib mir Deine Gnade, um Deinen Willen zu tun!«

Ein treuer Mann verlässt sich nicht auf seine eigenen Gedanken. Er ist nicht eigenwillig, sondern will den Willen des Herrn tun und weicht vom Bösen. Er vertraut allein auf den treuen Gott und sucht Weisheit bei Ihm. *»Wo keine Offenbarung ist, wird das Volk zügellos, aber wohl ihm, wenn es das Gesetz bewahrt!« (Spr. 29,18).* Er sucht Weisheit im Gesetz des Herrn. Jemand, der nicht auf seine eigene Weisheit und Treue vertraut, wird Gottes Wort studieren, wie es in Sprüche 16,20 heißt:

»Wer auf das Wort achtet, wird Gutes erlangen, und wohl dem, der auf den HERRN vertraut!«

Wenn ein Mann versteht, dass es ihm an Gottes Weisheit mangelt, dann ruft er nach Gottes Offenbarung und wird sagen können:

»Alle Reden Gottes sind geläutert; Er ist ein Schild denen, die Ihm vertrauen« (Spr. 30,5).

Ein solcher Mann weiß: Das Wort des Herrn ist treu, bei Ihm lerne ich Treue. Von David sagt Gott: *»Ich habe David gefunden, den Sohn des Isai, einen Mann nach Meinem Herzen, der allen Meinen Willen tun wird« (Apg. 13,22).* Warum war David ein Mann nach dem Herzen Gottes? Etwa darum, weil er so schön auf der Harfe spielen konnte? Oder weil er so schön aussah? Gott Selbst sagt:

weil er *»allen Meinen Willen tun wird«.*

David wollte nicht seinen eigenen Willen tun, er vertraute nicht auf seine eigene Weisheit und seinen eigenen Verstand. Wer den ganzen Willen Gottes tun will, der ist ein Mann nach dem Herzen Gottes.

Ein Mann, der nichts von sich selbst hält, wirft sich auf den Herrn und auf Seine Weisheit und studiert täglich Sein Wort, wie wir in Psalm 1 lesen, weil er nicht auf seine eigenen Gedanken vertraut.

Willst du wissen, womit Treue bei einem Mann beginnt?

Sie beginnt damit, dass er den treuen Gott erkennt, Ihn fürchtet und Ihm vertraut. Er nimmt Sein Wort ernst und beherzigt es. Er ruft beständig im Gebet Seinen Namen an und verlässt sich auf Seine Hilfe. *»Befiehl dem HERRN deine Werke, und deine Pläne werden zustande kommen«* (Spr. 16,3). Es gilt, im Vertrauen zu leben.

Lass mich dich noch einmal fragen:

	JA	NEIN
Ist das Realität in deinem Leben?	○	○
Bist du jemand, der sich voll und ganz, mit allem, was er ist und hat, auf den Herrn wirft, weil er keinen Schritt ohne Ihn gehen kann und will?	○	○

Woran erkennt man das? An diesen zwei Dingen:

Bibelstudium & Gebet

Noch einmal: Es geht um keine komplizierte »Raketenwissenschaft«.

Ich frage dich nur:

	JA	NEIN
Betest du beständig und inständig?	◯	◯
Hast du ein erfülltes Gebetsleben?	◯	◯
Ringst du im Gebet?	◯	◯
Stehst du in der Fürbitte?	◯	◯
Suchst du den Herrn und Sein Angesicht?	◯	◯

Oder muss Er dir sagen lassen, wie einst dem König Asa in 2. Chronik 16,9:

> *»Die Augen des HERRN durchstreifen die ganze Erde, um sich mächtig zu erweisen an denen, deren Herz ungeteilt auf Ihn gerichtet ist. Du hast hierin töricht gehandelt!«*

Die Augen des Herrn durchstreifen immer noch die ganze Erde. Er will dir beistehen, jeden Tag.

	JA	NEIN
Aber handelst auch du töricht, weil du Sein Angesicht nicht suchst?	◯	◯
Vertraust du stattdessen auf menschliche Mittel, Weisheit und Kraft?	◯	◯

Du musst ein Mann des **Gebets**
und des **Wortes** werden,
sonst wirst du niemals ein treuer,
zuverlässiger Mann sein.

Bist du ein Mann des Wortes? Kennst du Gottes Willen?

Du meinst, du könntest Ehemann und Vater sein und vielleicht Verantwortung in der Gemeinde übernehmen, ohne Gottes Wort zu kennen? Du kannst nicht treu sein, wenn du nicht die Anweisungen des Herrn kennst, wenn du sie nicht studierst und beherzigst. Wie willst du treu sein, wenn du Gottes Anweisungen nicht kennst? Wie willst du dann eine Frau unterweisen können? Denn das ist deine Aufgabe:

> *»Wenn sie [die Frauen] aber etwas lernen wollen, so sollen sie daheim ihre eigenen Männer fragen« (1.Kor. 14,35).*

Leider ist es manchmal so, dass die Ehefrauen weitaus mehr vom Wort Gottes verstehen als ihre Männer. Manche Männer verstehen viel von Sport, Autos, Politik oder Wirtschaft, aber nur sehr wenig von biblischer Lehre. Während die Frau die Heilige Schrift studiert, hat der Mann nur geringe Kenntnisse und wenig Interesse, das Wort Gottes zu erforschen.

Schäme dich, wenn das bei dir der Fall ist! Kehre um, suche den Herrn, suche Ihn im Gebet und suche Ihn in Seinem Wort! Werde treu und zuverlässig in deiner Beziehung zum Herrn; dann wird Er dir auch treu beistehen. Er wird auf deine Gebete antworten, dich durch Sein Wort leiten und dir Gelingen schenken auf all deinen Wegen. Zeige Treue zu deinem treuen Gott. Es ist möglich, treu zu werden!

2

Er ist treu im Umgang mit sich selbst

Treue im Umgang mit sich selbst bedeutet *Selbstbeherrschung*. Wenn das Buch der Sprüche eine Sache immer und immer wieder anspricht, dann ist es die Selbstbeherrschung:

> *»Besser ein Langmütiger als ein Starker, und wer sich selbst beherrscht, als wer eine Stadt bezwingt« (Spr. 16,32).*

> *»Wie eine Stadt mit niedergerissenen Mauern, so ist ein Mann, der seinen Geist nicht beherrschen kann« (Spr. 25,28).*

EIN TREUER MANN IST JEMAND,

der seinen Geist und seinen Leib beherrscht, der sich unter Kontrolle hat.

Er muss gelernt haben, sich selbst zu zügeln, sich nicht von seinen Emotionen oder von seiner Lust leiten und kontrollieren zu lassen.

Bevor man Verantwortung für andere übernehmen kann, muss man gelernt haben, Verantwortung für sich selbst zu übernehmen. Du musst gelernt haben, dich selbst zu beherrschen.

Beherrsche deinen Mund:

»Mehr als alles andere behüte dein Herz;
denn von ihm geht das Leben aus.
Tue hinweg von dir die Falschheit des Mundes,
und verdrehte Reden seien fern von dir!«

Beherrsche deine Augen:

»Lass deine Augen geradeaus schauen und deine Blicke auf das gerichtet sein, was vor dir liegt!«

Beherrsche deine Füße:

»Mache die Bahn für deinen Fuß gerade,
und alle deine Wege seien bestimmt;
weiche weder zur Rechten ab noch zur Linken,
halte deinen Fuß vom Bösen fern!«

Sprüche 4,23-27

In den vielen Versen im Buch der Sprüche, die von Selbstbeherrschung sprechen, handelt es sich immer um Folgendes:

- Lass dich nicht überwältigen
  von böser Lust.
- Lass dich nicht hinreißen von Wein,
  von verführerischen Frauen oder
  von Reichtum, Macht und Stolz.
- Lass dich nicht verlocken von
  bösen Männern, von schmeichelnder,
  falscher Rede.
- Lass dich nicht leiten von Zorn,
  Rachegefühlen, Eifersucht,
  Ärger oder Traurigkeit.

Beherrsche dich selbst! Ein treuer Mann ist ein selbstbeherrschter Mann.

Ein Mann darf sich nicht von seinen Leidenschaften treiben und kontrollieren lassen. *»Ein gelassenes Herz ist das Leben des Leibes, aber Eifersucht ist Fraß in den Gebeinen« (Spr. 14,30).* Er muss auch Lasten tragen können. Er muss stressige Situationen, Leiden und Krankheiten ertragen können.

»Ein männlicher Mut erträgt sein Leiden, wer aber kann einen niedergeschlagenen Geist aufrichten?« (Spr. 18,14). Ein Mann muss Selbstbeherrschung haben und Druck aushalten können. Er muss Versuchungen standhalten, Krisen und Bedrängnisse durchstehen können.

Ein treuer Mann muss vor allem gelernt haben, seine **Zunge zu kontrollieren** und seine **Worte zu zügeln**:

»Wer seinen Mund und seine Zunge behütet, der behütet seine Seele vor mancher Not« (Spr. 21,23).

»Ein Tor lässt all seinem Unmut freien Lauf, aber ein Weiser hält ihn zurück ... Siehst du einen Mann, der übereilte Worte spricht, so kannst du für einen Toren mehr Hoffnung haben als für ihn« (Spr. 29,11.20).

»Wer seine Worte zurückhält, der besitzt Erkenntnis, und wer kühlen Geistes ist, der ist ein weiser Mann« (Spr. 17,27).

»Einsicht macht einen Menschen langsam zum Zorn, und es ist ihm eine Ehre, Vergehungen zu übersehen« (Spr. 19,11).

Ein Mann soll einen kühlen Geist bewahren; er soll langmütig sein; er soll seinen Unmut, seine Unzufriedenheit nicht unbedacht kundtun; er soll seine Lippen bewahren. Er soll ebenso verstehen, wann es nötig ist, dass er in rechter Weise tadeln und streng zurechtweisen muss (s. Spr. 27,5-6). Er muss lernen, seine Worte zu kontrollieren und heilsame, selbstbeherrschte, erbauliche und nützliche Worte zu reden. *»Wer unbedacht schwatzt, der verletzt wie ein durchbohrendes Schwert; die Zunge der Weisen aber ist heilsam« (Spr. 12,18).* Ein Mann Gottes muss selbstbeherrscht sein. Er muss seine Augen, seine Zunge, seine Hände, sein Herz und seine Füße bewahren. Das macht einen Mann aus, der treu ist.

> *»Diese sechs hasst der HERR, und sieben sind Seiner Seele ein Gräuel: stolze Augen, eine falsche Zunge, Hände, die unschuldiges Blut vergießen, ein Herz, das böse Pläne schmiedet, Füße, die schnell zum Bösen laufen, ein falscher Zeuge, der Lügen ausspricht, und einer, der Zwietracht sät zwischen Brüdern« (Spr. 6,16-19).*

In all diesen Dingen geht es also um **Selbstbeherrschung**.

Ein treuer Mann ist jemand,
der gelernt hat, treu sich selbst,
seinen Geist und seinen Leib zu zügeln
und in rechte Bahnen zu leiten.

Er behält seine Gefühle unter Kontrolle. Er lässt sich nicht von seinen Lüsten leiten und von seinen Launen diktieren, was er zu denken, zu tun und zu sagen hat. Dieser Mann handelt weise und verständig, er zügelt sich selbst. Dieser Mann ist treu.

	JA	NEIN
Ist das bei dir Wirklichkeit?	○	○
Arbeitest du daran, ein gezügelter Mann zu sein, ein Mann, von dem man sagen kann, dass er selbstbeherrscht ist?	○	○

Ob es unnütze Worte sind, oder gar dumme Sprüche, die sich nicht geziemen, lerne all das abzulegen und deine Zunge zur Ehre Gottes einzusetzen (vgl. Eph. 5,4). Lerne überlegt zu reden (vgl. Spr. 15,28), und prüfe deine Worte! Ist es wirklich nützlich und weise, was du sprichst (Mt. 12,36; Eph. 4,29; Spr. 12,18)?

> *»Wo viele Worte sind, da geht es ohne Sünde nicht ab; wer aber seine Lippen im Zaum hält, der ist klug. Die Zunge des Gerechten ist erlesenes Silber; das Herz der Gottlosen ist wenig wert. Die Lippen des Gerechten weiden viele, aber die Toren sterben durch Unverstand« (Spr. 10,19-21).*

Arbeite daran!

3

Er ist treu gegenüber der Gemeinde

In Sprüche 5 spricht Salomo eine Warnung darüber aus, wie es jemandem ergeht, wenn er zum Ehebruch verleitet wird und im Nachhinein sagen muss:

> *»Warum habe ich doch die Zucht gehasst, warum hat mein Herz die Zurechtweisung verachtet? Ich habe nicht gehört auf die Stimme meiner Lehrer und meinen Lehrmeistern kein Gehör geschenkt!« (Spr. 5,12-13).*

Dieser Mann hatte Lehrer, die sich in ihn investiert hatten. Sie hatten ihn unterwiesen, den rechten Weg zu gehen. Er hätte ihnen gehorchen sollen. Nun bedauert er es zutiefst, dass er Zucht und Zurechtweisung in den Wind geschlagen hat.

Nun sagt er in Vers 14: *»Fast wäre ich gänzlich ins Unglück geraten inmitten der Versammlung und der Gemeinde!«* Dieser Mann gehört also zur Gemeinde des Herrn, zur heiligen Versammlung des auserwählten Volkes Gottes, zu den Menschen, die dem Herrn angehören und Ihn anbeten. Obwohl dieser Mann also inmitten dieser Gemeinschaft steht, ist er fast gänzlich ins Unglück geraten. Denn ihm war bewusst: Es ist nicht nur eine große Schande, die ich ihnen bereite, sondern das Volk Gottes hat eine Aufgabe an mir, wenn ich

Ehebruch begehe. Denn so steht es im Gesetz Gottes, in 5. Mose 22,22:

> *»Wenn jemand ertappt wird, dass er bei einer verheirateten Frau liegt, so sollen beide zusammen sterben, der Mann, der bei der Frau gelegen hat, und die Frau. So sollst du das Böse aus Israel ausrotten.«*

Wer eine solche Schandtat verübt hatte, musste aus der Mitte der Versammlung ausgerottet werden.

Dieser Punkt ist von großer Wichtigkeit. Es geht darum, vor Gott treu zu sein; doch bedeutet dies auch, dass wir treu vor den Seinen wandeln. Es gibt ein heiliges Volk, eine heilige Gemeinde, vor denen ich bestehen soll, wie es heißt in Psalm 1,5: *»Darum werden die Gottlosen nicht bestehen im Gericht, noch die Sünder in der Gemeinde der Gerechten.«* Du sollst in aller Treue wandeln und bestehen inmitten der Versammlung Gottes. Die Gemeinde ist die Braut Christi. Du sollst sie ehrenhaft behandeln, ihr keine Schande bereiten und ihr keinen Anstoß geben. Der Herr hat treue Männer als Älteste über Seine Gemeinde eingesetzt, um auch über deine Seele zu wachen (vgl. Apg. 20,28; Hebr. 13,17). Sie, aber auch die übrigen

Heiligen, sollen deine Treue sehen und sich daran erfreuen. Sie sollen dich aber auch für Untreue tadeln und dich sogar bei Unbußfertigkeit aus ihrer Mitte, d. h. aus der Gemeinde, entfernen (vgl. Mt. 18,15-18).

Ein treuer Mann sollte treu sein gegenüber der ganzen Gemeinde. Er kann nicht einfach für sich privat leben und dabei meinen, er wäre dem Herrn treu. Der Herr pflanzt Seine Männer in heilige Versammlungen, in Gemeinden.

In Sprüche 26,26 ist die Rede von einem Mann, der sich verstellt und so tut, als ob er gut sei: »*Hüllt sich der Hass in Täuschung, so wird seine Bosheit doch offenbar in der Gemeinde.*« Er versucht seinen Hass und seine Bosheit irgendwie zu verstecken, in der Versammlung der Heiligen aber wird es offenbar. Da, wo der dreieinige Gott wohnt und wirkt und wandelt, wo die Heiligen sich versammeln, wirst du von deiner Sünde überführt. Da kommt dein wahres Gesicht zum Vorschein.

Es gibt Leute, die stellen sich vor, sie könnten auf sich selbst gestellt und nur für sich privat treu mit dem Herrn leben. Sie meinen, sie bräuchten die Gemeinschaft der Heiligen nicht. Sie sagen: »Wenn ich im Privaten meine Bibel fleißig studiere und viel bete, wer sollte dann über mich negativ urteilen?!« Der Herr hat die Gemeinde eingesetzt. Dennoch meinen manche: »Gott weiß doch, dass ich treu bin; die Gemeinde hat gar nichts dazu zu sagen.« Fehlanzeige! Gott will, dass die Gemeinde über dich urteilt und die Untreuen zurechtweist und wenn nötig sogar aus ihrer Mitte verwirft.

Paulus schreibt an die Gemeinde in Korinth Folgendes:

> *»Jetzt aber habe ich euch geschrieben, dass ihr keinen Umgang haben sollt mit jemand, der sich Bruder nennen lässt und dabei ein Unzüchtiger oder Habsüchtiger oder Götzendiener oder Lästerer oder Trunkenbold oder Räuber ist; mit einem solchen sollt ihr nicht einmal essen. Denn was gehen mich auch die an, die außerhalb [der Gemeinde] sind, dass ich sie richten sollte? Habt ihr nicht die zu richten, welche drinnen sind? Die aber außerhalb sind, richtet Gott. So tut den Bösen aus eurer Mitte hinweg!« (1.Kor. 5,11-13).*

Ein Mann, der treu ist, muss in der Versammlung treu sein. Er muss ehrbar und heilig leben vor den Heiligen, er muss einen guten Ruf haben in der Gemeinde. Untreue Männer erkennt man daher vor allem daran, dass es ihnen nicht gelingt, sich einer bibeltreuen Gemeinde verbindlich anzuschließen, wo sie unter der Aufsicht und Ermahnung von Ältesten bleiben und auch von anderen weisen Geschwistern lernen und Korrektur erfahren.

> *»Der Spötter liebt es nicht, wenn man ihn zurechtweist, darum geht er nicht zu den Weisen«*
> *(Spr. 15,12).*

> *»Ein Ohr, das auf die Zurechtweisung zum Leben hört, wird sich [gern] inmitten der Weisen aufhalten«*
> *(Spr. 15,31).*

Bevor ein Mann auf die Idee kommt, für andere – in einer Ehe oder als Familienvater – Verantwortung zu übernehmen oder ein Amt in der Gemeinde anzustreben, muss die Frage gestellt werden:

Bist du der Gemeinde wirklich treu?

Das ist keine komplizierte Sache;
es handelt sich um diese einfachen Fragen:

	JA	NEIN
Bist du ein getauftes, treues Mitglied einer Gemeinde?	○	○

Lebst du ein ordentliches,
vorbildliches Leben, ohne Anstoß? ○ ○

Hast du einen guten Ruf? ○ ○

Wer findet so einen Mann?

Er ist heute eine Seltenheit. Selten gibt es jemanden, der einfach ein ordentliches, treues Glied des Leibes Christi ist, jemanden, der treu zu den Gottesdiensten kommt, jemanden, der sich der Gemeinde und den Ältesten unterordnet und treu gehorcht, jemanden, der treu gibt, jemanden, der treu dient, jemanden, der andere treu erbaut, jemanden, der treu mitarbeitet. Aber gerade das sind so einfache Grundlagen des Christentums.

Wer findet so einen Mann? Die meisten Gottlosen sind ihrem Fußballclub treuer, gehen eher mit ihm durch Dick und Dünn, durch gute und schlechte Zeiten, als viele, die sich Christen nennen und nicht darauf achten, wie sie ihre Gemeinde behandeln, wie sie sich für sie einsetzen und ob sie ihr treu ergeben sind. Ein Mann ist dann reif, wenn er sich einer Gemeinde verbindlich und zuverlässig anschließt, Treue ihr gegenüber beweist und vor den Heiligen einen heiligen Lebenswandel führt, sodass sie über ihn urteilen können:

ER IST TREU

In dem baptistischen Gemeindebund von 1689 ist kurz zusammengefasst, was von einem treuen Mitglied erwartet wird. Dieser Gemeindebund enthält acht Bundesversprechen, die jedes Mitglied der Gemeinde gibt. Da heißt es in Punkt sieben: »Wir geloben, am Tag des Herrn und zu anderen Zeiten, zu denen der Herr uns die Gelegenheit schenkt, zusammenzukommen, Gott zu dienen und Ihn in Seinem Gottesdienst zu verherrlichen, einander zu erbauen und gemeinsam zum Wohl der Gemeinde zu wirken.«

Als treuer Mann kommt man treu zu den Versammlungen. Man sollte sich nicht einfach nur bedienen lassen, sondern Gott dienen. Ist das schwer, Gott zu dienen, Seine Versammlungen zu besuchen, Ihn zu verherrlichen in Seinem Gottesdienst? Von Herzen mitzusingen, mit dem Herzen dabei zu sein und dann

den anderen zu dienen, indem ich sie erbaue und ermutige, mitarbeite und mitwirke zum Wohl der Gemeinde? Ist das zu viel verlangt?

Ein Mann ist nur dann treu, wenn er seiner Gemeinde treu ist, sodass die Heiligen über ihn urteilen können: Er führt keinen sündigen, skandalösen Lebensstil, er ist treu, er ist da, er ist für uns da, er setzt sich ein.

Geistliche Reife zeigt sich vor allem in der Hingabe für die Gemeinde und in dem Einsatz für Gottes Reich (vgl. Mt. 6,33). Schaue dir einmal Männer wie Martin Luther, Johannes Calvin, William Carey, Hudson Taylor, Adoniram Judson, George Whitefield, Jonathan Edwards, David Brainerd, Georg Müller oder Charles Spurgeon an. Wie alt waren all diese Männer, als sie anfingen, große Dinge für den Herrn zu tun? Du wirst erstaunt sein, wie jung diese Männer eigentlich waren, als sie ihr Leben für das Werk des Herrn einsetzten, und wie viel Erkenntnis, Weisheit und Mut sie zu dem Zeitpunkt schon für die Sache des Herrn hatten.

Was ist nur heutzutage mit unseren Männern los?! Ich meine nicht, dass du – um treu zu sein – ein berühmter Mann Gottes werden müsstest, über den man Bücher schreibt. Es geht darum, in den Dingen treu zu sein, die der Herr dir anbefohlen hat.

Strebe danach,

der Braut Jesu Christi treu zu sein, ein treuer, zuverlässiger Mitarbeiter im Reiche Gottes zu sein.

Wie sieht das bei dir aus?

Was für ein Leben führst du?

Bist du wirklich treu
»inmitten der Gemeinde« (Spr. 5,14)?

Oder bist du halbherzig, unzuverlässig und treulos, sodass sich keiner auf dich verlassen kann?

Oder weiß man, dass du da bist –
nicht nur körperlich, sondern
dass du dich mit deinem
ganzen Herzen für das Wohl
der Gemeinde einsetzt?

Wie ist dein Ruf?

Bemühst du dich um ungeteilte
Treue der Gemeinde gegenüber?

Sei treu, sei ein zuverlässiger Mann!

4

Er ist treu in seiner Arbeit

Immer und immer wieder ermahnt uns das Buch der Sprüche,

TREU ZU SEIN IN DER ARBEIT:

»Schon wer nachlässig ist – nur ein bisschen nachlässig – *in seiner Arbeit, der ist ein Bruder des Zerstörers«* *(Spr. 18,9).*

»Geh hin zur Ameise, du Fauler, sieh ihre Wege an und werde weise: Obwohl sie keinen Anführer hat, weder Vorsteher noch Herrscher, bereitet sie dennoch im Sommer ihr Brot und sammelt in der Erntezeit ihre Speise. Wie lange willst du liegen bleiben, du Fauler? Wann willst du aufstehen von deinem Schlaf? ›Ein wenig schlafen, ein wenig schlummern, ein wenig die Hände in den Schoß legen, um zu ruhen‹: So holt dich die Armut ein wie ein Läufer, und der Mangel wie ein bewaffneter Mann!« (Spr. 6,6-11).

»Wo man sich alle Mühe gibt, da ist Überfluss, aber wo man nur Worte macht, da herrscht Mangel« (Spr. 14,23).

»Die Seele des Faulen gelüstet nach vielem und hat doch nichts, die Seele der Fleißigen aber wird reichlich gesättigt« (Spr. 13,4).

Die Sprüche ermahnen dich, hart, fleißig, mit ganzer Mühe und mit ganzem Herzen zu arbeiten als dem Herrn. Es geht nicht darum, bloß davon zu *reden*, was du alles tust oder tun willst. Es geht darum, tätig zu sein, nicht zu faulenzen und nicht deine Zeit zu verschwenden. Das macht einen reifen, treuen Mann aus. Er sitzt nicht herum und »dreht Däumchen«, sondern er will arbeiten. Er arbeitet hart und fleißig, nicht bloß, um für sich selbst genug zu haben, sondern um eine Familie zu versorgen und der Gemeinde und Bedürftigen etwas geben zu können.

Mancher sagt: »Mir reicht mein Sozialgeld. Wozu soll ich noch arbeiten?« Der treue und zuverlässige Mann arbeitet fleißig, nicht damit er einfach etwas hat, sondern weil er mit seinem Besitz den Herrn ehren will. Er sagt sich: »Ich will dem Herrn so viel geben, wie nur möglich; also arbeite ich hart.« Wie es in Sprüche 3,9 heißt:

> *»Ehre den HERRN mit deinem Besitz und mit den Erstlingen all deines Einkommens.«*

Ein treuer Mann denkt in Bezug auf sein Geld nicht an sich; er denkt an die Ehre des Herrn, er möchte Ihm geben können. Er möchte genug haben, um Ihm viel geben zu können. Er möchte alles hergeben, was er nur kann.

Natürlich wird der Herr auch unter denen geehrt, die wenig haben. Aber ein treuer Mann möchte dem Herrn viel geben. Er will fleißig arbeiten, um so viel wie möglich zum Werk des Herrn beizutragen, aber auch, um für seine Familie zu sorgen (1.Tim. 5,8) und um dem Nächsten Gutes zu tun (Hebr. 13,16).

»Verweigere keine Wohltat dem, welchem sie zukommt, wenn es in der Macht deiner Hände liegt, sie zu erweisen! Sprich nicht zu deinem Nächsten: ›Geh hin und komm wieder; morgen will ich dir geben!‹, während du es doch hast« (Spr. 3,27-28).

Ein Mann Gottes arbeitet nicht nur,
um selbst etwas zu haben,
sondern auch, um anderen zu geben.

»Wer sich über den Armen erbarmt, der leiht dem HERRN, und Er wird ihm seine Wohltat vergelten« (Spr. 19,17).

Ein Mann muss treu und zuverlässig einem Beruf nachkommen; er muss dafür sorgen, dass er ein geregeltes Einkommen hat. Dabei geht es ihm nicht nur darum, Arbeit zu haben; es geht ihm darum, fleißig zu sein, um andere versorgen zu können.

Auch lehren uns die Sprüche immer wieder, ehrlich zu sein. Wir sollen unsere Arbeit ehrlich machen, nicht betrügen, nicht irgendetwas unterlassen, nicht irgendetwas unterschlagen, sondern treu, fleißig und zuverlässig *»als für den Herrn und nicht für Menschen«* arbeiten (Kol. 3,23).

Ein Mann muss lernen, verantwortungsvoll mit seiner Zeit umzugehen. Das betrifft auch seine Freizeitgestaltung, denn die Heilige Schrift sagt in 2. Mose 20,9-10: *»Sechs Tage sollst du arbeiten und alle deine Werke tun; aber am siebten Tag ist der Sabbat des HERRN, deines Gottes; da sollst du kein Werk tun«*, sondern ruhen. Es gibt nicht nur das Gebot, am siebten Tag zu ruhen; es gibt auch das Gebot, an sechs Tagen zu arbeiten.

Ein treuer Mann geht mit seiner Zeit, mit seiner Kraft und mit seinem Geld verantwortungsvoll um.

Wie sieht es damit bei dir aus?
Sei ehrlich zu dir selbst:

	JA	NEIN
Bist du darin nachlässig?	◯	◯
Wie ist deine Arbeitseinstellung?	◯	◯
Bist du faul?	◯	◯
Verschwendest du deine Zeit, dein Geld?	◯	◯

Oder arbeitest du fleißig sechs Tage in der Woche für den Herrn? Wenn du nun all diese Dinge gelesen hast:

Wie wirkt sich das jetzt bei dir aus?

Ein treuer Mann steht also in einer treuen Beziehung zum Herrn und will Seine Gebote halten. Er vertraut nicht auf seine eigene Treue, sondern er wirft sich auf den Herrn. Er ist ein Mann des Wortes und ein Mann des Gebets.

Auch ist er treu in Bezug auf sich selbst. Er hat gelernt, sich selbst zu beherrschen und sich unter Kontrolle zu haben. Er spricht, denkt und handelt gottesfürchtig. Er kämpft gegen Sünde in seinem Leben.

Ebenso ist er treu gegenüber der Gemeinde. Er hat einen guten Ruf, er ist zuverlässig, er gibt sich ganz dem Reich Gottes hin und baut treu mit in der Gemeinde.

Darüber hinaus arbeitet er treu und geht verantwortungsvoll mit seinem Geld und mit seiner Zeit um. Er gibt dem Herrn, ehrt Ihn mit seinem Geld und steht denen bei, die Not haben.

Wenn nun all das bei ihm der Fall ist, dann ist dieser Mann reif, Verantwortung für andere zu übernehmen und eine Familie zu gründen.

5

Er ist treu im Umgang mit seiner Familie

Zunächst einmal muss ein junger Mann gelernt haben, in seiner eigenen Familie, in der er aufwächst, treu zu sein. Dazu gehört der Gehorsam gegenüber seinen Eltern:

> *»Höre, mein Sohn, auf die Unterweisung deines Vaters, und verwirf nicht die Lehre deiner Mutter!« (Spr. 1,8).*

Er muss ein Mann sein, der gelernt hat, Autoritäten zu akzeptieren und sich unterzuordnen: dem Vater, der Mutter, der staatlichen Macht, dem Lehrer, dem Chef, der Gemeinde, den Ältesten und auch älteren Personen. Er muss ein Mann sein, der Autoritäten, die Gott eingesetzt hat, schätzt, ehrt und ihnen gehorcht.

> *»Fürchte den HERRN, mein Sohn, und den König, und lass dich nicht mit Aufrührern ein!« (Spr. 24,21).*

Und Sprüche 15,33 sagt uns: *»... der Ehre geht Demut voraus.«* Bevor der Herr dich erhöht, dich einsetzt, dir Verantwortung gibt, dich ehrt, musst du Demut lernen. Nur ein Mann, der gelernt hat, sich unterzuordnen, wird auch ein Mann sein, der andere leiten kann, der Autorität und Verantwortung übernehmen und damit umgehen kann.

Und wenn ein junger Mann in dieser Weise unter der Obhut seiner Eltern gereift ist, dann wird er gelernt haben, auf eigenen Beinen zu stehen, eigenverantwortlich zu leben, und er ist bereit, Vater und Mutter zu verlassen.

Doch das funktioniert heutzutage so gut wie gar nicht mehr. Denn in unserer Gesellschaft hat sich eine Krankheit verbreitet, die es so nie zuvor in der Geschichte gab. Man nennt sie das Peter-Pan-Syndrom. Du kennst vielleicht Peter Pan, jenen fiktiven Charakter aus einem Kinderroman, der im »Nimmerland« wohnt und sich partout dagegen weigert, erwachsen zu werden. Er will immer jung bleiben und hat immer noch seine Milchzähne. Er wird nicht erwachsen. Er weigert sich, Verantwortung zu übernehmen. Er will nie auf eigenen Beinen stehen und niemals selbstständig werden.

Genau das sehen wir heute überall in unserer Gesellschaft: Männer, die zwar erwachsen aussehen, aber doch im Grunde kleine Kinder sind. Sie spielen – das ist alles, was sie tun – und lassen sich bedienen. Sie sitzen bei Papa und Mama zu Hause herum und spielen Videospiele. Sie lassen sich ihre Kleider waschen, sie lassen sich bekochen, und sie bleiben immer kleine Jungs. Sie scheuen sich, Pflichten zu übernehmen. Sie wollen nichts tun, was anstrengend ist oder fest geregelte Arbeit wäre. Vielleicht übernehmen sie hier einen Minijob und da einen Gelegenheitsjob, der möglichst einfach ist. Vielleicht wollen sie sogar arbeitslos sein, ein unbeschwertes Leben führen und somit immer auf Kosten anderer leben. Und so machen sie es auch in der Gemeinde: Gegen Mitarbeit sträuben sie sich, jeder muss sie bedienen, alles muss unterhaltsam sein, alles muss einfach nur Spaß machen.

Gerade diese Männer spielen auch mit den Frauen, denn sie wollen ihren Spaß mit ihnen haben. Und jede Frau, die sich mit einem solchen »Jungen« einlässt, wird tief verletzt. Sie wird tiefe Wunden und Narben davontragen, denn diese Jungs gehen keine festen Bindungen ein. Sie wollen keine Verantwortung übernehmen. Sie behandeln Frauen wie Spielzeug.

Wer mit einer Frau spielt, sodass dabei ein Kind entsteht, aber dann das Weite sucht und sich nicht darum kümmert, ist eine Schande. Diese Männer – wenn man sie überhaupt Männer nennen kann – sind die größte Schande, die elendesten

Feiglinge, die es überhaupt gibt, der absolute Abschaum und ein Gräuel vor dem Herrn.

Und du kannst dir sicher sein: Wer Frau und Kind im Stich lässt – wehe einem solchen Mann! –, den wird der Herr finden, und Er wird ihn strafen. Die Rache des Herrn wird gewiss kommen. Keiner wird ungestraft davonkommen, der eine Frau oder ein Kind so behandelt. Wehe euch Männern, wenn ihr eure Frauen oder eure Kinder im Stich lasst!

Es gibt leider viele Männer, die nie gelernt haben, Männer zu sein und zu bleiben, selbst in schwierigen Zeiten. Der Apostel Paulus sagt zu den Korinthern:

> *»Als ich ein Unmündiger war, redete ich wie ein Unmündiger, dachte wie ein Unmündiger und urteilte wie ein Unmündiger; als ich aber ein Mann wurde, tat ich weg, was zum Unmündigsein gehört« (1.Kor. 13,11).*

Heute reden, denken, sprechen und handeln viele Männer wie Unmündige. Wer wirklich ein Mann ist, der legt ab, was unmündig ist. Er lebt nicht mehr für sich selbst.

Wer ein Mann geworden ist,
hat gelernt, nicht mehr für
sich selbst, sein Vergnügen und
seine Vorstellungen zu leben,
sondern sein Leben hinzugeben
für andere, für die Gemeinde,
für seine Frau und für die Kinder.

*Darum ist ein echter Mann
ein treuer Mann!*

Er ist nicht ein Mann vieler Frauen, der hier und dort flirtet und die Herzen von Frauen bricht. Er ist ein Mann *einer* Frau.

»Deine Quelle sei gesegnet, und freue dich an der Frau deiner Jugend!« (Spr. 5,18).

Mit anderen Worten: Du hast sie früh, in deiner Jugend, kennengelernt und nie eine andere gehabt. Immer wieder sagt das Buch der Sprüche: Sei deiner Ehefrau treu, habe keine anderen.

Ein treuer Mann hat gelernt, für *eine* Frau Verantwortung zu übernehmen, sie zu lieben, sie zu ehren, sie zu versorgen, sie zu beschützen, sie zu unterweisen im Wort, sie zu führen und sie im Leben zu leiten. Er hat gelernt, sein eigenes Leben für sie hinzugeben und sie treu zu lieben bis zum Tod. Er hat gelernt, sich nicht der Verantwortung zu entziehen, die Frau niemals zu verlassen, sie nicht schlecht zu behandeln oder sie gar im Stich zu lassen.

Wer findet einen solchen Mann?

Ein rechter Mann ist treu, Mann *einer* Frau. Das gilt auch für Single-Männer, die eine Frau finden wollen.

> *»Denn das ist der Wille Gottes, eure Heiligung, dass ihr euch der Unzucht enthaltet; dass es jeder von euch versteht, sein eigenes Gefäß in Heiligung und Ehrbarkeit in Besitz zu nehmen, nicht mit leidenschaftlicher Begierde wie die Heiden, die Gott nicht kennen; dass niemand zu weit geht und seinen Bruder in dieser Angelegenheit übervorteilt; denn der Herr ist ein Rächer für alle diese Dinge, wie wir euch zuvor gesagt und ernstlich bezeugt haben. Denn Gott hat uns nicht zur Unreinheit berufen, sondern zur Heiligung« (1.Thess. 4,3-7).*

Wer also eine Frau gewinnen möchte, der soll sich auf *eine* Frau konzentrieren, und das in Treue, ohne Unzucht, Übergriffe und Fehltritte. Ein echter, treuer Mann sucht in Reinheit, Heiligkeit und Treue *eine* Frau zu gewinnen – sie wird hier als ein »Gefäß« bezeichnet.

Wenn man jetzt als Ehemann treu Verantwortung für seine Frau übernimmt, dann mag es sein, dass der Herr in Seiner Gnade Kinder schenkt. Auf diese Weise wächst die Verantwortung mit einem Mal; und auch hierbei hat der Mann Gottes die Verantwortung, treu zu sein. Wieder finden wir eine Anleitung dazu in den Sprüchen:

> *»Gewöhne den Knaben an den Weg, den er gehen soll, so wird er nicht davon weichen, wenn er alt wird!« (Spr. 22,6).*

Der treue Vater hat die Kinder in aller Gottesfurcht und in aller Zucht zu erziehen, wie es dem Herrn gebührt, durch Gottes Wort, durch väterliche Strenge, aber auch durch liebevolle Erziehung.

Fassen wir das alles jetzt zusammen:

Wer ist ein zuverlässiger, treuer Mann?

Ein Mann ist treu, wenn er in einer treuen Beziehung zu seinem Gott steht. Er ist ein Mann, der sich seinem Gott hingibt und Ihm gehorsam ist. Ein Mann des Wortes und ein Mann des Gebets. Man muss ihm nicht ständig hinterherlaufen, weil man befürchten muss, dass er den Herrn verlässt. Ein Mann, der zu den Getreuen Gottes zu zählen ist.

Ein Mann ist treu, wenn er gelernt hat, auf sich selbst achtzugeben (vgl. 1.Tim. 4,16), sich selbst zu beherrschen, sich gottesfürchtig zu kontrollieren, die Sünde zu hassen und zu lassen. Ein Mann, der mit seinen Gedanken, Worten und Taten Gott verherrlichen will.

Ein Mann ist treu, wenn er in treuer Beziehung zur Gemeinde lebt, loyal und hingebungsvoll als treues Mitglied und als zuverlässiger Mitarbeiter dient, der Gemeinde Gottes keinen Anstoß gibt und den Ältesten, die über seine Seele wachen, keinen Kummer bereitet.

Ein Mann ist treu, wenn er in treuer Weise sein Leben als Arbeiter und Versorger führt, wenn er verantwortungsvoll und ehrlich mit seiner Zeit, seiner Kraft und seinem Geld umgeht, wenn er gibt, wo er nur kann.

Ein Mann ist treu, wenn er gelernt hat, in treuer Weise verantwortungsvoll mit Frauen umzugehen. Wenn er eine Familie gründen möchte, dann tut er dies in Reinheit und Heiligkeit. Ein Mann ist treu, wenn er sich für seine Frau und seine Kinder einsetzt und verantwortungsvoll mit seiner Familie umgeht.

Ein Single-Mann ist treu, wenn er sich keine Übergriffe erlaubt und nicht in Unzucht und Unreinheit lebt. Wenn er heiraten möchte, sucht er *eine* Frau für sich zu gewinnen. Ein treuer Mann lebt verantwortungsvoll mit seiner Familie zusammen – ob als Single im Elternhaus oder als Ehemann und Familienvater.

Treue Männer sind
ein Segen für die Gemeinde,
für Frauen, für Kinder und
für die Gesellschaft.

BETE

für die Männer in deiner Gemeinde!

BETE,

dass sie treu und zuverlässig sind!

Wenn du jetzt deinen Mangel
bezüglich all dessen erkennst,
genauso wie ich meinen eigenen
Mangel erkenne, dann lass uns doch
gemeinsam auf Den schauen,
der treu ist: unseren Herrn,
den vollkommenen Mann,
Jesus Christus, welcher der
fleischgewordene Gott ist.

Er ist unser Herr.

Prüfen wir uns im Lichte von Gottes Wort, so müssen wir bekennen, dass wir in allen genannten Punkten versagt haben und von uns selbst aus keine treuen Männer sind. Wir haben versagt. Wir alle! Darum benötigen wir die Vergebung Gottes durch das Blut Seines Sohnes, den einzigen vollkommen treuen Mann. Tritt vor Sein heiliges Angesicht, bekenne Ihm deine Schuld und bitte um Vergebung. Der Herr verspricht, dir Gnade zu geben:

»Wer seine Schuld verheimlicht, dem wird es nicht gelingen, wer sie aber bekennt und lässt, der wird Barmherzigkeit erlangen« (Spr. 28,13).

Wenn du gefallen bist, stehe wieder auf und vertraue darauf, dass der Herr dich mehr und mehr heiligen, das heißt zu einem treuen Mann machen wird:

»Denn der Gerechte fällt siebenmal und steht wieder auf, aber die Gottlosen stürzen nieder im Unglück« (Spr. 24,16).

»Der Pfad des Gerechten ist wie der Glanz des Morgenlichts, das immer heller leuchtet bis zum vollen Tag« (Spr. 4,18).

Gib nicht auf, lieber Bruder, sondern kämpfe den guten Kampf des Glaubens. Der Apostel ermahnt uns in 1.Kor. 16,13: *»Wacht, steht fest im Glauben, seid mannhaft, seid stark!«*

So sei nun männlich und werde fest in der Treue des Herrn. So wirst du ein großer Segen sein für viele Menschen und einen gewaltigen Unterschied machen in dieser untreuen Welt!

Eingangs sagte ich, dass wir in Zeiten mit großen Problemen leben. Was wir brauchen, sind treue Männer, die furchtlos und mutig sind wie Löwen (vgl. Spr. 28,1). Treue Männer, die es wagen, in einer treulosen, gottlosen Gesellschaft mutige Bekenner zu sein. Männer, die inmitten eines verdrehten und verkehrten Geschlechts leuchten als Lichter in der Welt (vgl. Phil. 2,15). Sind wir treu, werden wir wahrlich Licht und Salz sein für diese Erde (vgl. Mt. 5,13-16)!

Mögest auch du zu den Getreuen des Herrn gehören und am Ende deines Lebens die wunderbaren Worte deines Herrn hören:

> *»Recht so, du guter und treuer Knecht! Du bist über wenigem treu gewesen, Ich will dich über vieles setzen; geh ein zur Freude deines Herrn!« (Mt. 25,21).*

Wie kann man ein glückliches Zuhause haben? Wie können wir unseren Kindern in einer Welt, die der Ordnung Gottes für eine Familie feindlich gegenübersteht, eine solide Grundlage vermitteln?

Matthew Henry beschreibt in diesem Buch die Schönheit einer Familie, in der Gott im Zentrum steht, die Ihn anbetet und für Ihn lebt, einander liebt und füreinander betet. Henry appelliert besonders an Familienväter, dass sie ihre großartige Pflicht und Verantwortung wahrnehmen, ihre Familie in der Gottesfurcht zu leiten, als solche, die darüber Rechenschaft ablegen müssen. Dann erklärt er, was eine christliche Familie ausmacht, und zeigt einige Motive für eine Familie mit Gott im Zentrum auf. Und schlussendlich gibt Henry wertvolle Ratschläge für eine von Gott gesegnete Familie.

Dieses Buch ist eine Ermutigung insbesondere für Väter, aber auch für junge Männer, aus ihrem Zuhause ein gesundes geistliches Umfeld zu machen. Abgesehen von dem wertvollen Inhalt macht auch das hochwertige Design das Buch zu etwas Besonderem.

WAS MACHT EINE FRAU WIRKLICH BEWUNDERNSWERT?

Vielleicht denkst du bei dieser Frage gleich an Frauen, die Christus errettet hat, die Ihn lieben und Ihm in ihrer Umgebung voller Hingabe dienen. Vielleicht hat aber auch das gesellschaftliche Bild einer bewundernswerten Frau deine Sicht darauf getrübt, wer du in Christus bist. In diesem Buch zeigt Peter Schild vier Eigenschaften auf, die die wahre Schönheit einer Frau reflektieren.

»Die Heilige Schrift zeigt in wunderbarer Klarheit, was Gott sich gedacht hat, als Er die Frau erschuf, und wozu Er sie geschaffen hat. Wer Ihn fürchtet, auf Sein Wort hört, sein Herz gemäß Gottes heiligem Wort verändern lässt und so lebt, wie es Gott gefällt, so dass Er verherrlicht wird, der findet den wahren, erfüllenden Sinn des Lebens. – Möge der Herr Jesus Christus jeden einzelnen Leser dieses Buches segnen. Möge Er Gnade zum Lesen und Ausleben dieser biblischen Anleitung schenken.«

– Peter Schild

»Wer auf das Wort achtet,
wird Gutes erlangen,
und wohl dem, der auf
den Herrn vertraut!«

Sprüche 16,20